בית ספר - məktəp	2
נסיעה - səyəxət	5
תחבורה - transport	8
עיר - şəhər	10
נוף - tirə-yün	14
מסעדה - restoran	17
סופרמרקט - supermarket	20
שתיות - eçemleklər	22
אוכל - azıq	23
חווה - çeftlek	27
בית - yort	31
סלון - qunaq bülməse	33
מטבח - aş bülməse	35
חדר אמבטיה - yuınu bülməse	38
חדר ילדים - bala bülməse	42
בגדים - kiyem	44
משרד - ofis	49
כלכלה - iqtisad	51
מקצועות - hönərlər	53
כלי עבודה - ələtlər	56
כלי נגינה - muzıka alətlere	57
גן חיות - xaywan baqçası	59
ספורט - sport törlere	62
פעילויות - itkenleklər	63
משפחה - ğailə	67
גוף - tən	68
בית חולים - xastaxanə	72
חירום - kiçektergesez xəl	76
כדור הארץ - Cir	77
שעון - səğət	79
שבוע - atna	80
שנה - yıl	81
צורות - şəkellər	83
צבעים - töslər	84
הפכים - qapma-qarşılıqlar	85
מספרים - sannar	88
שפות - tellər	90
מי / מה / איך - kem / nərsə / niçek	91
איפה - qayda	92

Impressum
Verlag: BABADADA GmbH, Nedderfeld 112 , 22529 Hamburg
Geschäftsführer / Verlagsleitung: Harald Hof
Druck: Books on Demand GmbH, In de Tarpen 42, 22848 Norderstedt

Imprint
Publisher: BABADADA GmbH, Nedderfeld 112 , 22529 Hamburg, Germany
Managing Director / Publishing direction: Harald Hof
Print: Books on Demand GmbH, In de Tarpen 42, 22848 Norderstedt

בית ספר

məktəp

כיתה
sıynıf bülməse
חילק
bülü
לוח
taqta
חצר בית ספר
məktəp ixatası
מורה
uqıtuçı
נייר
kəğəz
כתב
yazarğa
עט
qələm
שולחן עבודה
östəl
סרגל
sızğıç
ספר
kitap
תלמיד
uquçı

ילקוט
buqça

קלמר
qələmdan

עיפרון
qırandaş

מחדד
qələm oçlağıç

גומי מחיקה
betergeç

חוברת סרטוט
rəsem dəftəre

2 בית ספר - məktəp

סרטוט
rəsem

מברשת
pumala

קופסת צבעים
buyawlar tartması

מספריים
qayçı

דבק
cilem

ספר תרגול
dəftər

שיעור בית
öy eşe

מספר
san

חיבר
quşu

חיסר
alu

הכפיל
tapqırlaw

חישב
isəpləw

אות
xəref

אלפבית
əlifba

hello

מילה
süz

בית ספר - mektəp

טקסט	קרא	גיר
tekst	uqırğa	aqbur

שיעור	יומן נוכחות	מבחן
dəres	sıynıf jurnalı	imtixan

תעודה	תלבושת בית ספר	חינוך
sertifikat	məktəp forması	məğərif

אנציקלופדיה	אוניברסיטה	מיקרוסקופ
ensiklopediyə	universitə	mikroskop
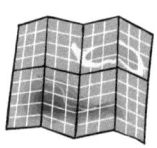		
מפה	סל נייר	
xarita	çüp qəğəz çiləge	

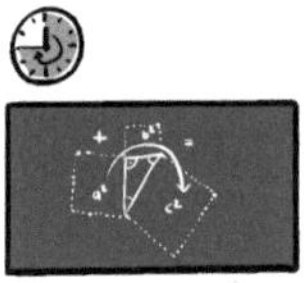

בית ספר - məktəp

נסיעה
səyəxət

מלון
qunaqxanə
הוסטל
hostel
המרת מטבע
valüta bürosı
מזוודה
baul
אוטו
maşina

שפה
tel

כן / לא
əye / yuq

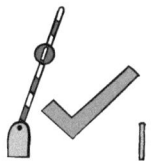

בסדר
yarar

שלום
isənmesez

מתרגם
tərceməçe

תודה
Rəxmət

כמה עולה.....?
... küpme tora?

אני לא מבין
min añlamıym

בעיה
problem

ערב טוב!
Xəyerle kiç!

בוקר טוב!
Xəyerle irtə!

לילה טוב!
Tınıç yoqı!

להתראות
saw bulığız

כיוון
yünəleş

כבודה
bagaj

תיק
buqça

תרמיל גב
biştər

אורח
qunaq

חדר
bülmə

שק שינה
yoqı qapçığı

אוהל
çatır

נסיעה - səyexət

מרכז מידע לתיירים

turist məğlümәte

חוף ים

qomsal

כרטיס אשראי

kredit kәrte

ארוחת בוקר

irtәnge aş

ארוחת צהריים

töşlek

ארוחת ערב

kiçke aş

כרטיס

bilet

מעלית

lift

בול

marka

גבול

çik

מכס

tamğaxanә

שגרירות

ilçelek

אשרה

viza

דרכון

pasport

תחבורה
transport

- מטוס / ogʻaç
- אונייה / kərap
- כבאית / yangʻın maşinası
- משאית / töyər
- אוטובוס / awtobus
- סירת מנוע / motorlı köymə
- אוטו / maşina
- אופניים / səpid

מעבורת
boram

סירה
köymə

אופנוע
motosiklət

ניידת משטרה
polisə maşinası

מכונית מרוץ
uzış maşinası

רכב שכור
kiralıq maşina

8   תחבורה - transport

מכוניות בשיתוף

karşering

אוטו גרר

tartuçı

משאית זבל

çüp töyəre

מנוע

motor

דלק

yağulıq

תחנת דלק

benzinlek

תמרור

trafik bilgese

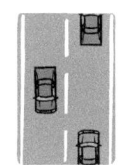

תנועה

xərəkət

פקק תנועה

böke

חניה

parking

תחנת רכבת

stansa

פסי רכבת

rəy

רכבת

trən

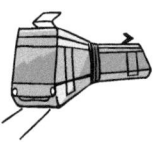

רכבת קלה

tramway

קרון

vagon

מסוק
boralaq

שדה-תעופה
hawa alanı

מגדל
manara

נוסע
yulçı

קונטיינר
konteyner

קרטון
alap

עגלה
yök arbası

סל
səbət

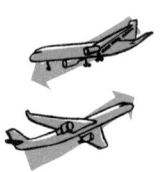

המראה / נחיתה
qalqu / töşü

עיר
şəhər

כפר
awıl

מרכז העיר
şəhər üzəge

בית
yort

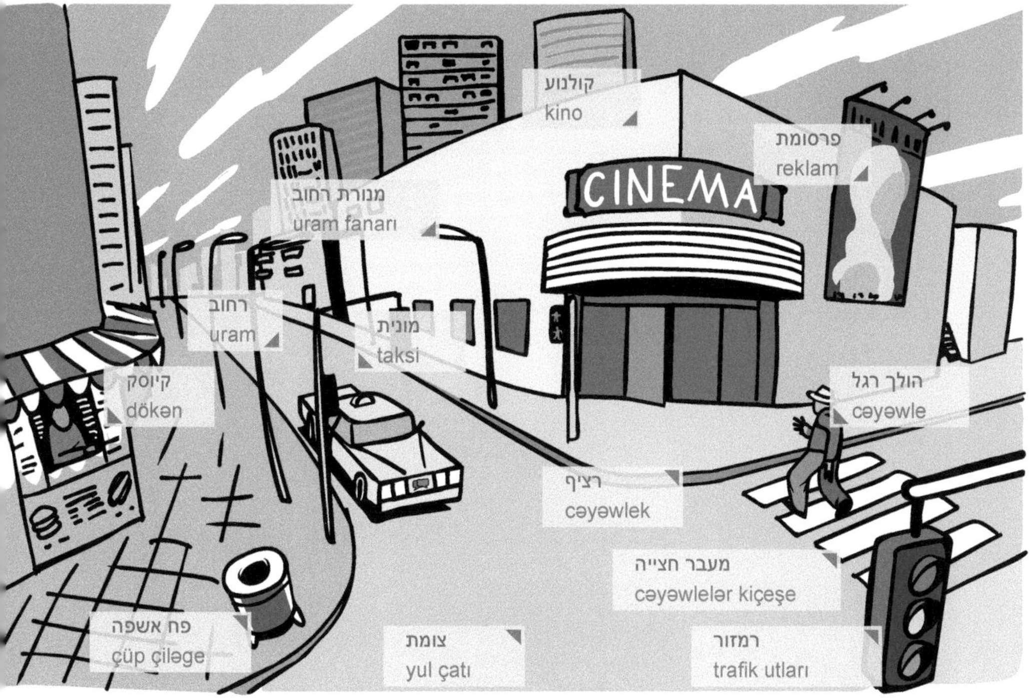

קולנוע
kino

פרסומת
reklam

מנורת רחוב
uram fanarı

רחוב
uram

מונית
taksi

הולך רגל
cəyəwle

קיוסק
dökən

רציף
cəyəwlek

מעבר חצייה
cəyəwlelər kiçeşe

פח אשפה
çüp çiləge

צומת
yul çatı

רמזור
trafik utları

בקתה
alaçıq

דירה
fatir

תחנת רכבת
stansa

עירייה
şəhər xakimiyəte

מוזיאון
yədkərxanə

בית ספר
məktəp

עיר - şəhər

אוניברסיטה universitə	בנק bank	בית חולים xastaxanə

מלון qunaqxanə	בית מרקחת daruxanə	משרד ofis

חנות ספרים kitap kibete	חנות kibet	חנות פרחים çəçək kibete

סופרמרקט supermarket	שוק bazar	כל-בו zur kibet

מוכר דגים balıq kibete	קניון səwdə üzəge	נמל liman

פארק
park

ספסל
eskəmiyə

גשר
küper

מדרגות
basqıç

רכבת תחתית
metro

מנהרה
tunnel

תחנת אוטובוס
awtobus tuqtalışı

בר
bar

מסעדה
restoran

תא דואר
yamıl tartması

שלט רחוב
uram bilgese

מדחן
parking sanağıçı

גן חיות
xaywan baqçası

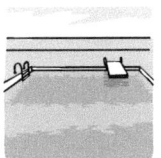

בריכת שחיה
xəwezxanə

מסגד
məçet

חווה
çeftlek

זיהום
kerlelek

בית עלמין
zirat

כנסייה
çirkəw

מגרש משחקים
uyın alanı

בית מקדש
ğibädätxanä

נוף
tirə-yün

עלה
yafraq

תמרור
yul kürsətkeçe

דרך
yul

מרעה
bolın

אבן
taş

עץ
ağaç

מטייל
yöreşçe

נהר
yılğa

דשא
ülən

פרח
çəçek

בקעה üzən	הר qalqulıq	אגם kül
	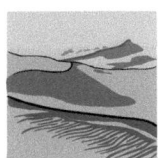	
יער urman	מדבר çül	הר געש yanartaw

טירה nığıtma	קשת בענן salawat küpere	פטריה gömbə

דקל palma	יתוש çerki	זבוב çeben

נמלה qırmısqa	דבורה bal qortı	עכביש ürməküç

נוף - tirə-yün

חיפושית
qoñğız

צפרדע
baqa

סנאי
tiyen

קיפוד
kerpe

ארנב
quyan

ינשוף
yabalaq

ציפור
qoş

ברבור
aqqoş

חזיר בר
qaban duñğızı

צבי
bolan

אייל הקורא
poşıy

סכר
tuan

טורבינת רוח
cir turbinı

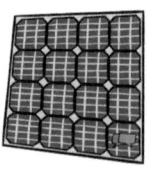

פנל סולארי
qoyaş panele

אקלים
iqlim

מסעדה

restoran

מלצר
tabınçı
תפריט
saylaq
כסא
urındıq
מרק
aş
פיצה
pitsa
סכו"ם
çəneçke-pıçaq taqımı
מפת שולחן
aşyawlıq

מנת פתיחה

qabımlıq

מנה עיקרית

töp aşamlıq

קינוח

tatlı

שתיות

eçemleklər

אוכל

azıq

בקבוק

şeşə

מזון מהיר

fastfud

אוכל רחוב

uram rizığı

קנקן תה

çəygün

מסכרת

şikər sawıtı

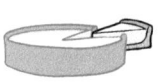

מנה

salım

מכונת אספרסו

espresso maşını

כסא תינוק

biyek urındıq

חשבון

xisap

מגש

töger

סכין

pıçaq

מזלג

çəneçke

כף

qaşıq

כפית

çəy qaşığı

מפית

tastımal

כוס

tustağan

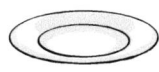

צלחת
tabaq

קערת מרק
aş tabağı

תחתית
cəypək

רוטב
sous

מלחייה
toz sawıtı

מטחנת פלפל
borıç tegerməne

חומץ
serkə

שמן
sıyıq may

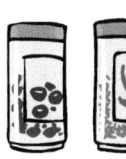

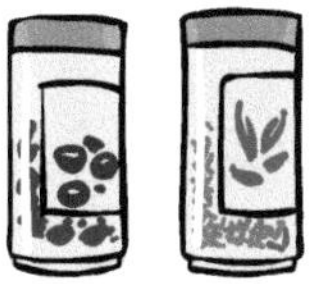

תבלינים
təmlətkeç

קטשופ
ketçup

חרדל
xərdəl

מיונז
mayonez

סופרמרקט
supermarket

- מבצע / maxsus təqdim
- לקוח / satıp aluçılar
- מוצרי חלב / söt eşlənmələrə
- עגלת קניות / kibet arbası
- פירות / cimeş

אטליז
it kibete

מאפייה
ikməkxanə

שקל
ülçəw

ירקות
yəşelçə

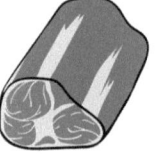

בשר
it

מזון קפוא
tuñdırılğan aşamlıqlar

סופרמרקט - supermarket

בשר קר
suıq it

שימורים
kənsirləngən aşamlıq

אבקת כביסה
ker tuzı

ממתקים
şikərləmələr

מוצרי בית
öy eşlənmələre

חומר ניקוי
təmizlek eşlənmələre

מוכרת
satuçı

קופה
yazuçı kassa

קופאי
kassir

רשימת קניות
satıp alu isemlege

שעות פתיחה
eş waqıtı

ארנק
qalta

כרטיס אשראי
kredit kərte

תיק
buqça

שקית נילון
plastik qapçıq

סופרמרקט - supermarket

שתיות

eçemleklər

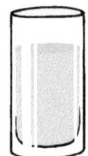

מים

su

מיץ

sut

חלב

söt

קולה

kola

יין

şərəb

בירה

sıra

אלכוהול

xəmer

קקאו

kakao

תה

çəy

קפה

qəhwə

אספרסו

espresso

קפוצ'ינו

kapuçino

אוכל
aziq

בננה

banan

תפוח

alma

תפוז

əflisun

אבטיח

qarbız

לימון

limon

גזר

kişer

שום

sarımsaq

במבוק

bambu

בצל

suğan

פטריות

gömbə

אגוזים

çikləweklər

אטריות

toqmaç

ספגטי
spagetti

אורז
döge

סלט
salat

צ'יפס
çips

צ'יפס
qızdırılğan bərəñge

פיצה
pitsa

המבורגר
hamburger

כריך
sandwiç

שניצל
kətlit

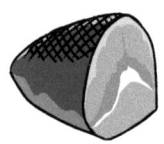

שינקין
ветчина

סלאמי
salami

נקניקיה
sosis

עוף
tawıq ite

טיגון
qızdırma

דג
balıq

שיבולת שועל

solı izməse

מוזלי

müsli

קורנפלקס

məkkəy keterdege

קמח

on

קרואסון

kruassan

לחמנייה

ipi tügərəge

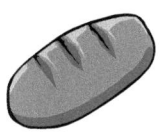

לחם

ikmək

טוסט

tost

עוגיות

kətərməç

חמאה

may

גבינה לבנה

eremçek

עוגה

kəyk

ביצה

yomırqa

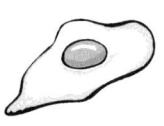

ביצת עין

təbə

גבינה

pəynir

אוכל - aziq

דבש

bal

סוכר

şikər

גלידה

tuñdırma

קארי

karri

ממרח נוגט

şokolad izməse

ריבה

qaynatma

חווה
çeftlek

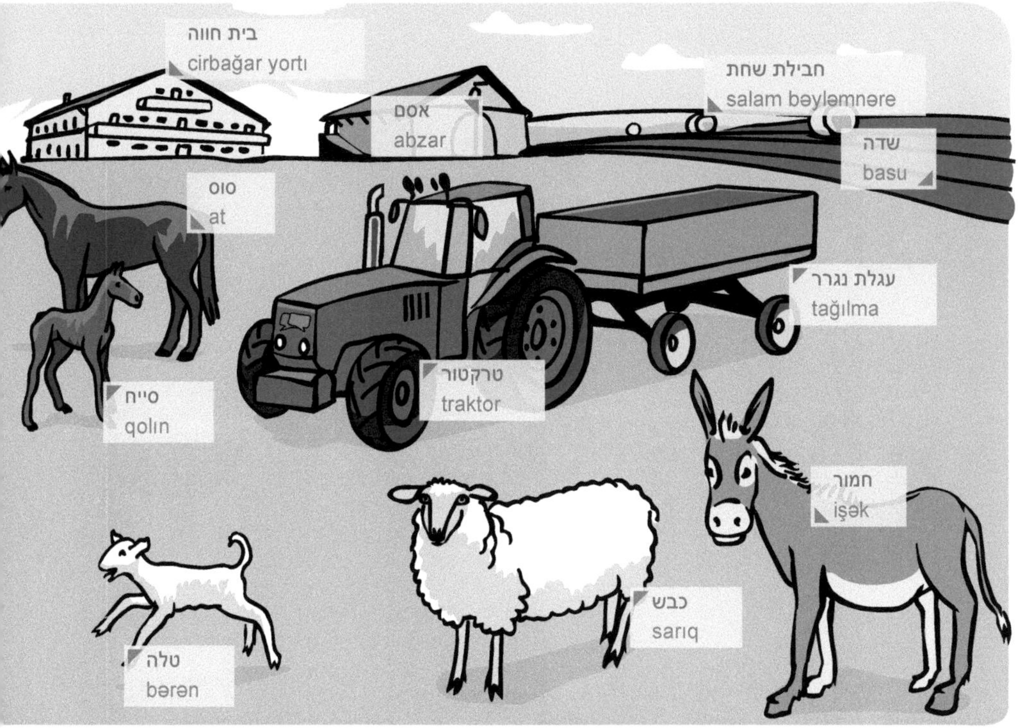

בית חווה — cirbağar yortı
אסם — abzar
סוס — at
חבילת שחת — salam bəylənmənre
שדה — basu
עגלת נגרר — tağılma
סייח — qolın
טרקטור — traktor
חמור — işək
טלה — bərən
כבש — sarıq

עז
kəcə

פרה
sıyır

עגל
bozaw

חזיר
duñğız

חזרזיר
duñğız balası

שור
ügez

חווה - çeftlek

אווז
qaz

ברווז
ürdək

אפרוח
çebi

תרנגולת
tawıq

תרנגול
ətəç

חולדה
küse

חתול
pesi

עכבר
tıçqan

שור
eş ügeze

כלב
et

מלונה
et oyası

צינור השקיה
baqça xortumı

קנקן מים
susipkeç

חרמש
çalğı

מחרשה
saban

חווה - çeftlek

מגל
uraq

מגרפה
kitmən

קלשון
sənək

גרזן
balta

מריצה
qul arbası

שוקת
tağaraq

כד חלב
söt çiləge

שק
qapçıq

גדר
qoyma

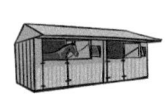
אורווה
abzar

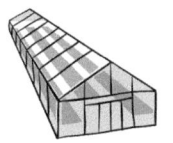
חממה
essexanə

אדמה
tufraq

זרע
orlıq

דשן
aşlama

מקצרה
kombayn

חווה - çeftlek

קצר
uñış cıyarğa

קציר
uñış

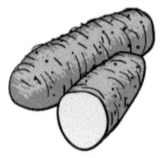

בטטה אפריקנית
yam

חיטה
boday

סויה
soya

תפוח אדמה
bərəñge

תירס
məkkəy

קנולה
raps

עץ פירות
cimeş ağaçı

קסבה
manyok

דגנים
börteklelər

חווה - çeftlek

בית
yort

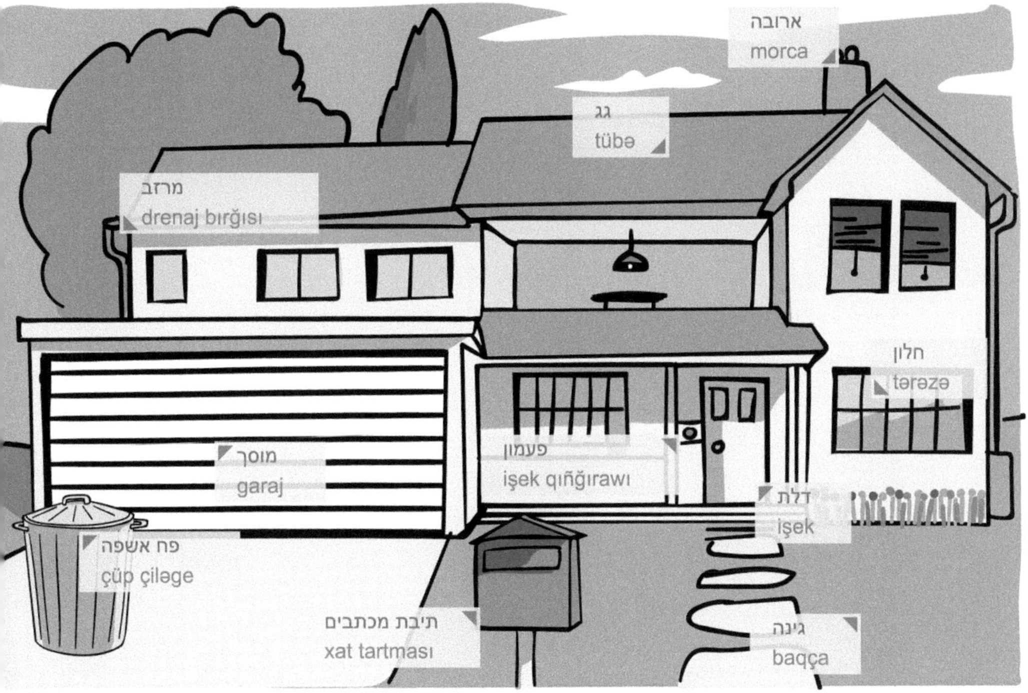

- ארובה / morca
- גג / tübə
- מרזב / drenaj bırğısı
- חלון / tərəzə
- מוסך / garaj
- פעמון / işek qıñğırawı
- דלת / işek
- פח אשפה / çüp çiləge
- תיבת מכתבים / xat tartması
- גינה / baqça

סלון
qunaq bülməse

חדר אמבטיה
yuınu bülməse

מטבח
aş bülməse

חדר שינה
yataq bülməse

חדר ילדים
bala bülməse

חדר אוכל
aş bülməse

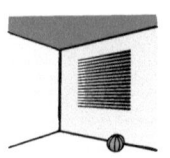	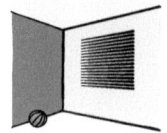	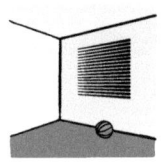
תקרה tüşəm	קיר diwar	רצפה idän

מרפסת balkon	סאונה sawna	מרתף tülə
	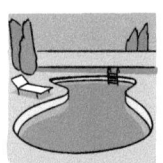	
מכסחת דשא çirəmçapqıç	בריכה xəwez	מרפסת teras
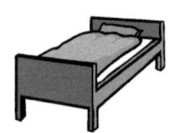		
מיטה yataq	כיסוי מיטה yataq yapması	סדין cəymə

מפסק özgeç	דלי çilək	מטאטא seberke

בית - yort

סלון

qunaq bülməse

טפט
diwar kəğəze
תמונה
rəsem
מנורה
lampa
מדף
kiştə
ארון
dulap
טלוויזיה
televiziyə
אח
çual
פרח
çəçək
כרית
mendər
ספה
diwan
אגרטל
nəlbək
שלט רחוק
yıraqtan boyırma

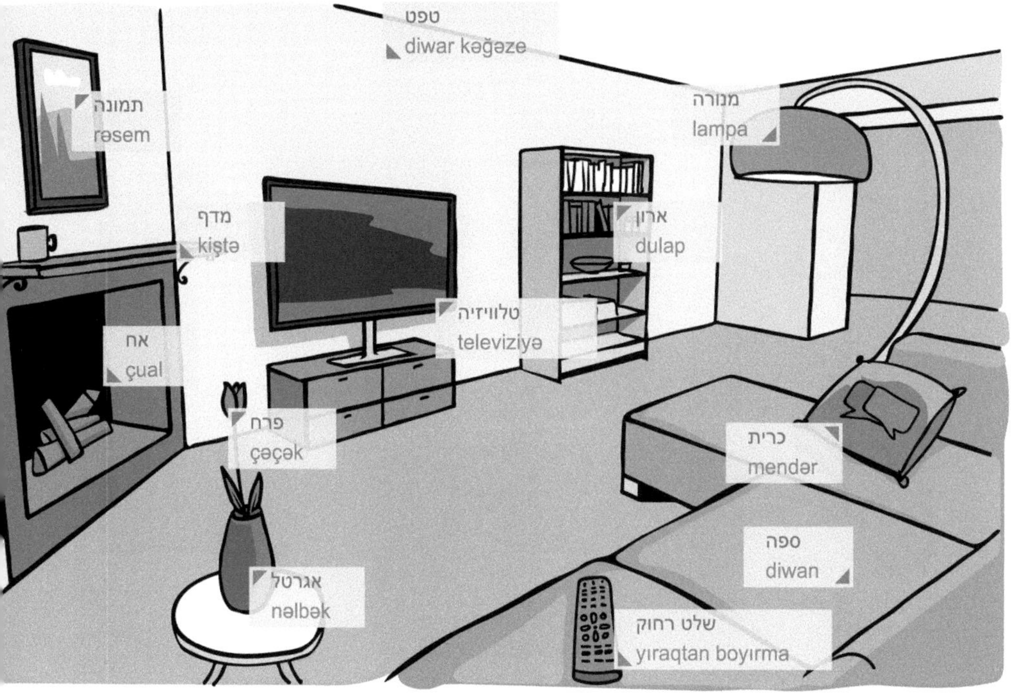

שטיח

keləm

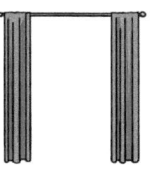

וילון

pərdə

שולחן

östəl

כסא

urındıq

כיסא נדנדה

tirbəlmə urındıq

כורסה

kənəfi

ספר

kitap

שמיכה

yapma

דקורציה

dekor

עצי הסקה

utın

סרט

film

מערכת סטריאו

hi-fi

מפתח

açqıç

עיתון

gəcit

ציור

sürət

פוסטר

poster

רדיו

radio

מחברת

quyın dəftəre

שואב אבק

tuzansuırğıç

קקטוס

kaktus

נר

şəm

מטבח
aş bülməse

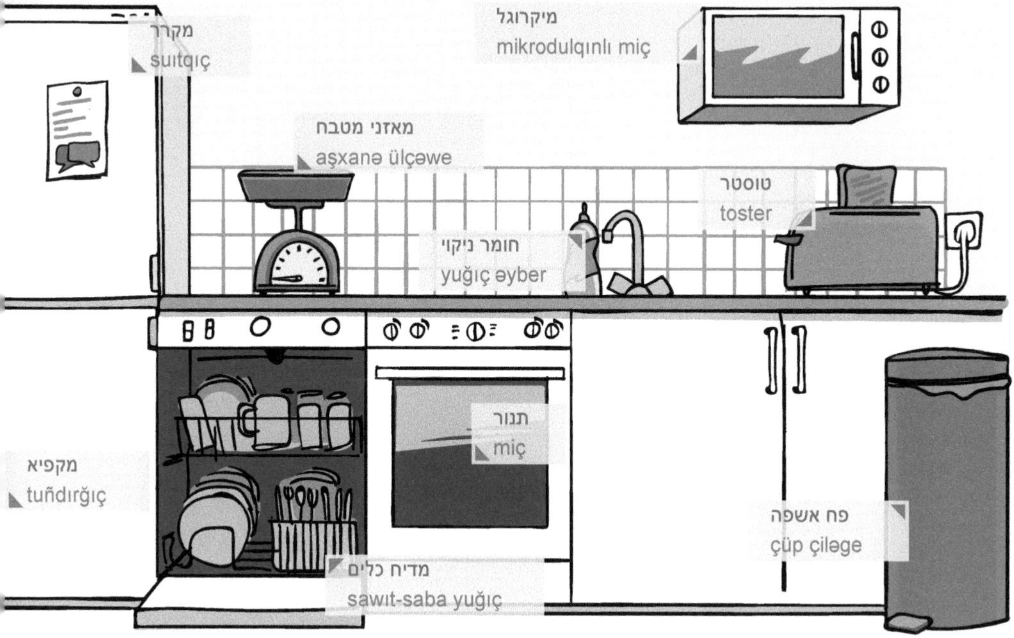

מקרר / suıtqıç

מיקרוגל / mikrodulqınlı miç

מאזני מטבח / aşxanə ülçəwe

טוסטר / toster

חומר ניקוי / yuğıç əyber

תנור / miç

מקפיא / tuñdırğıç

פח אשפה / çüp çiləge

מדיח כלים / sawıt-saba yuğıç

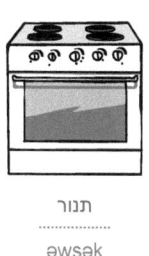

תנור
əwsək

סיר
sağan

סיר ברזל
çuyın sağan

ווק
wok

מחבת
taba

קומקום חשמלי
çəygün

מטבח - aş bülməse

מאדה
bulı peşergeç

מגש אפייה
qalay

כלי אוכל
sawıt-saba

ספל
təgəç

קערה
kəsə

צ'ופסטיקס
aşaw tayaqçıqları

מצקת
ucaw

מרית
spatula

מטרפה
tuğlağıç

מסננת בישול
sözgeç

מסננת
ilək

מגרדת
qırğıç

מכתש
kile

גריל
barbekü

מדורה
açıq uçaq

מטבח - aş bülməse

קרש חיתוך
taqta

מערוך
uqlaw

פותחן פקקים
böke suırğıç

פחית
metal tartma

פותחן קופסאות
kənsir açqıç

מטלית
miç biyələye

כיור
kirşən

מברשת
fırça

ספוג
bolıt

בלנדר
blender

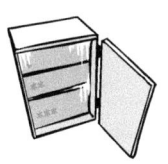

מקפיא
tirən tuñdırğıç

בקבוק לתינוק
imezlekle şeşə

ברז
çömək

מטבח - aş bülməse

חדר אמבטיה
yuınu bülməse

חימום
cılıtu
מגבת
sölge
מקלחת
duş
וילון מקלחת
duş pərdəse
אמבטיית קצף
kübekle vanna
אמבטיה
vanna
כוס
tustağan
מכונת כביסה
ker yuğıç
ברז
çömək
אריחים
fayans
סיר לילה
lazemlek
כיור
kirşən

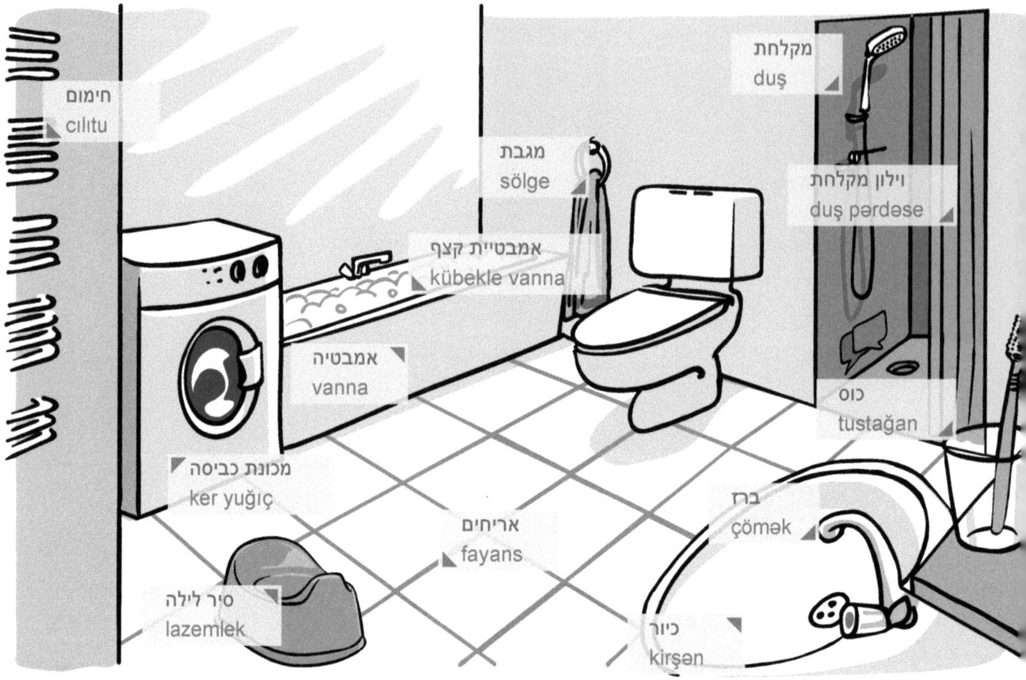

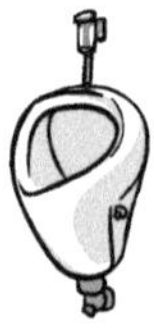

אסלה
bədrəf

אסלת כריעה
törekçə bədrəf

בידה
bide

משתנה
pissuar

נייר טואלט
bədrəf kəğəze

מברשת אסלה
bədrəf fırçası

מברשת שיניים
teş fırçası

משחת שיניים
teş məğcüne

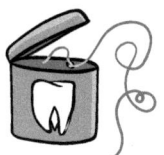

חוט דנטלי
teş cebe

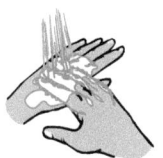

שטף
yuarğa

מקלחת יד
duş başlığı

צינור שטיפה לשירותים
duş

קערת רחצה
kirşən

מברשת גב
arqa fırçası

סבון
sabın

ג'ל רחצה
duş señəle

שמפו
şampun

ליפה
munçala

ניקוז
ağım

קרם
krem

דיאודורנט
dezodorant

חדר אמבטיה - yuınu bülməse

מראה

közge

מראת יד

qul közgese

סכין גילוח

östərə

קצף גילוח

qırınu kübege

אפטרשייב

qırınu losyonı

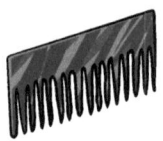

מסרק

taraq

מברשת

fırça

מייבש שיער

fön

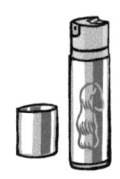

ספריי לשיער

çəç sprəye

איפור

makiyaj

שפתון

iren innege

לק

tırnaq cələse

צמר גפן

mamıq

מספריים לציפורניים

tırnaq qayçısı

בושם

xuşbuy

תיק כלי רחצה
makiyaj buqçası

שרפרף
utırğıç

משקל
ülçəw

חלוק רחצה
çoba

כפפות גומי
rezin iləsə

טמפון
tampon

תחבושת סניטרית
higiyenik pəd

שירותים כימיקליים
kimiyəwi bədrəf

חדר אמבטיה - yuınu bülməsə

חדר ילדים

bala bülməse

בלון
....
hawa şarı

מיטה
....
yataq

עגלה
....
bəbi arbası

משחק קלפים
....
kərt dəstəse

פאזל
....
pazl

קומיקס
....
komiks

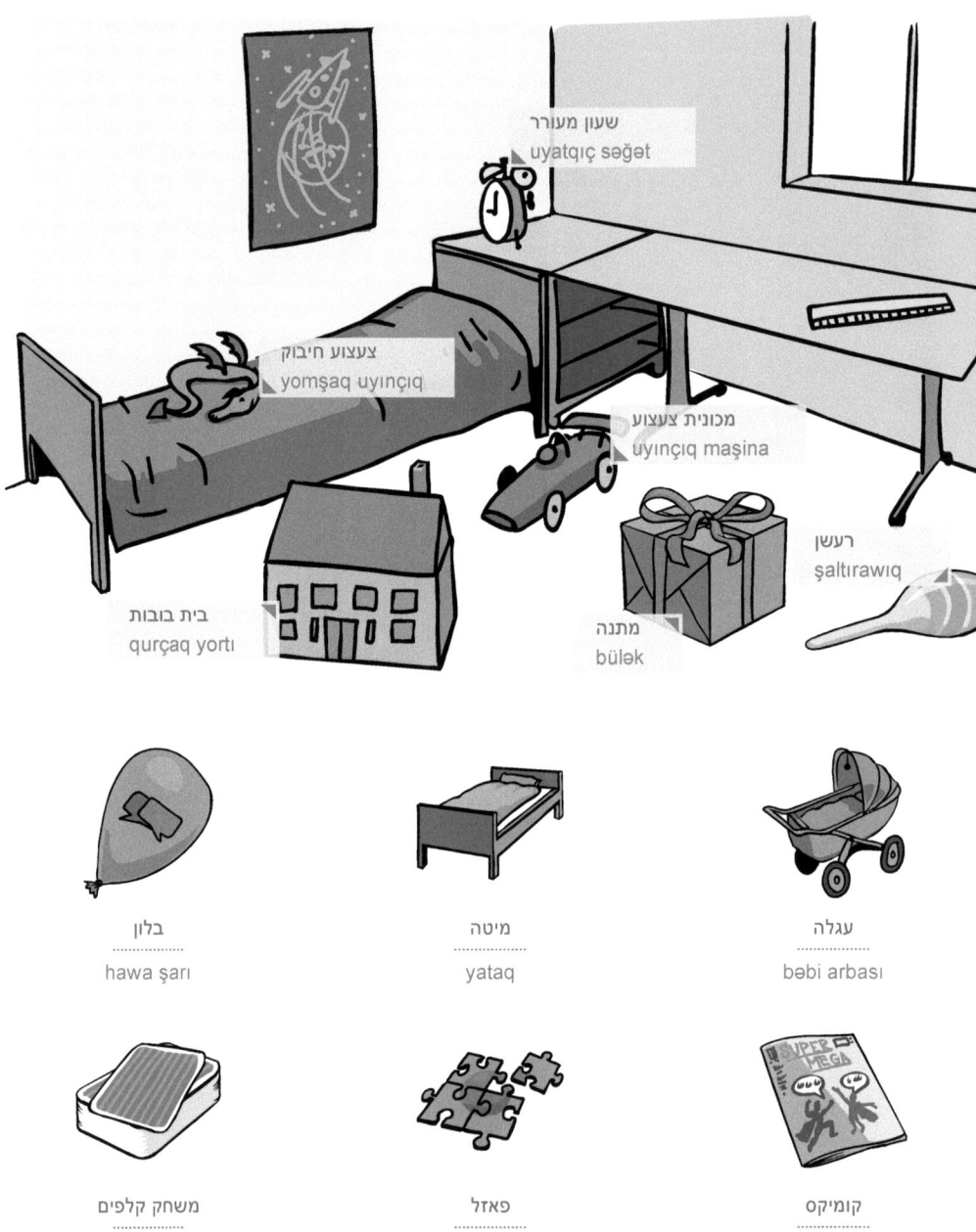

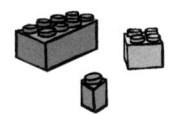

לגו

lego kirpeçlәre

קוביות משחק

şaqmaqlar

דמות משחק

uyın sınçığı

סרבל תינוקות

zıbın

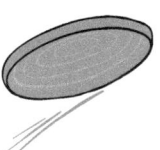

פריזבי

frisbi

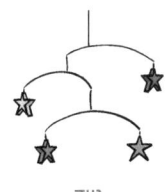

נייד

mobil

משחק לוח

östәl uyını

קוביה

uyın taşı

רכבת צעצוע

trәn modele cıyılması

מוצץ

imezlek

מסיבה

kiçә

אלבום תמונות

rәsemle kitap

כדור

tup

בובה

qurçaq

שיחק

uynarğa

ארגז חול
qomlıq

נדנדה
tağan

צעצועים
uyınçıqlar

קונסולת משחקים
uyın quşması

אופניים תלת גלגלי
öç köpçəkle səpid

דובון
uyınçıq ayu

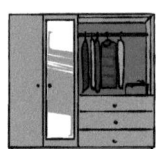

ארון בגדים
kiyem dulabı

בגדים
kiyem

גרביים
oyıqbaş

גרביונים
oyıq

גרביון
oyığıştan

סנדלים

sandallar

נעליים

ayaq kiyeme

מגפי גומי

rezin itek

תחתונים

tənban

חזייה

tüşti

וסט

cələk

גוף
bodi

מכנסיים
çalbar

ג'ינס
jins

חצאית
itək

חולצה מכופתרת
bluz

חולצה
külmək

אפודה
sviter

סווצ'ר עם קפוצ'ון
hudi

בלייזר
bleyzer

ז'קט
jaket

מעיל
bişmət

מעיל גשם
yañğırlıq

תלבושת
kəçtüm

שמלה
külmək

שמלת כלה
tuy külməge

בגדים - kiyem

46

חליפה
taqım kiyem

כותונת לילה
tönge külmək

פיג'מה
pijama

סארי
sari

מטפחת ראש
yawlıq

טורבן
çalma

בורקה
burqa

קאפטן
çapan

עבאיה
abaya

בגד ים
qoyınu kiyeme

בגד ים
yözü tənbanı

מכנסיים קצרים
şort

בגד אימון
sport kiyeme

סינר
alyapqıç

כפפות
iləsə

בגדים - kiyem

כפתור
töymə

משקפיים
küzlek

צמיד יד
beləzek

שרשרת
muyınsa

טבעת
baldaq

עגיל
alqa

כובע
kəpəç

קולב
elgeç

כובע
eşləpə

עניבה
muyınbaw

רוכסן
zıncır

קסדה
oçlam

כתפיות
çalbar asması

תלבושת בית ספר
məktəp forması

מדים
forma

מפית אוכל

balalar kükrəkçəse

מוצץ

imezlek

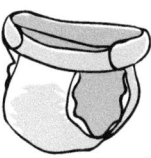

חיתול

küzələ

משרד
ofis

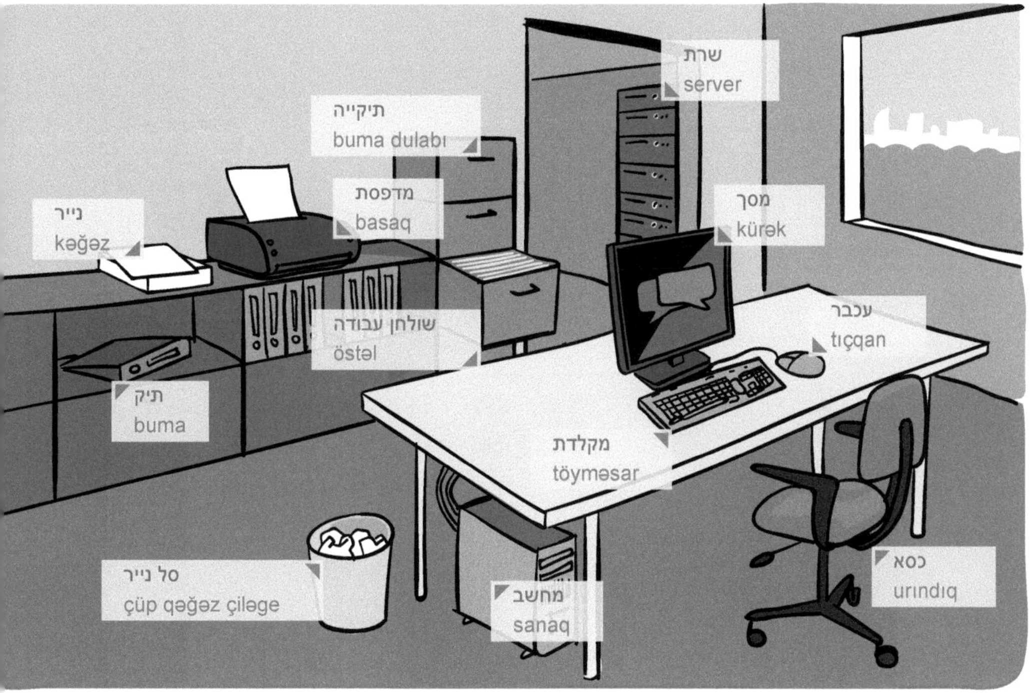

שרת
server
תיקייה
buma dulabı
מדפסת
basaq
נייר
kəğəz
מסך
kürək
שולחן עבודה
östəl
עכבר
tıçqan
תיק
buma
מקלדת
töyməsar
סל נייר
çüp qəğəz çiləge
מחשב
sanaq
כסא
urındıq

ספל קפה

qəhwə təgəçe

מחשבון

sansanar

אינטרנט

internet

מחשב נייד
ləptop

מכתב
xat

הודעה
xəbər

נייד
kesə telefonı

רשת
çeltər

מכונת צילום
fotokopyaçı

תוכנה
program təminatı

טלפון
telefon

שקע
ayırğıc

פקס
faks

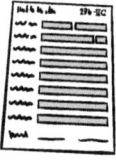

טופס
form

מסמך
dokument

משרד - ofis

כלכלה
iqtisad

קנה
satıp alırğa

שילם
tülərgə

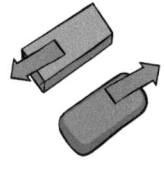
סחר
səwdə itərgə

כסף
aqça

דולר
dollar

יורו
euro

ין
yen

רובל
sum

פרנק שווייצרי
frank

יואן רנמינבי
yuan

רופי
rupi

כספומט
bankomat

המרת מטבע
valüta bürosı

זהב
altın

כסף
kömeş

נפט
qaramay

אנרגיה
energiyə

מחיר
bəyə

חוזה
kontrakt

מס
salım

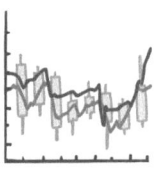

מנייה
stok

עבד
eşlərgə

עובד
eşçe

מעסיק
eş birüçe

מפעל
fabrika

חנות
kibet

כלכלה - iqtisad

מקצועות
hönərlər

שוטר
polisə xezmətkəre
כבאי
yanğın sünderüçe
טבח
aşçı
רופא
tabib
טייס
oçuçı

גנן

baqçaçı

נגר

ağaç ostası

תופרת

tegüçe

שופט

xökemçe

כימאי

kimiyəçe

שחקן

aktor

נהג אוטובוס

awtobus yörtüçe

נהג מונית

taksiçe

דייג

balıqçı

עובדת נקיון

cıyıştıruçı xatın

מתקן גגות

tübə yabuçı

מלצר

tabınçı

צייד

awçı

צייר

rəssam

אופה

ikməkçe

חשמלאי

elektrçı

עובד בניין

tözüçe

מהנדס

möhəndis

קצב

itçe

אינסטלטור

çöməkçe

דוור

yamılçı

מקצועות - hönərlər

חייל
ğəskəri

אדריכל
miğmar

קופאי
kassir

מוכר פרחים
çəçəkçe

ספר
çəçtaraş

כרטיסן
konduktor

מכונאי
mekanik

קברניט
kapitan

רופא שיניים
teş tabibı

מדען
ğalim

רב
rabbi

אימאם
imam

נזיר
kəşiş

כומר
ruxani

כלי עבודה
ələtlər

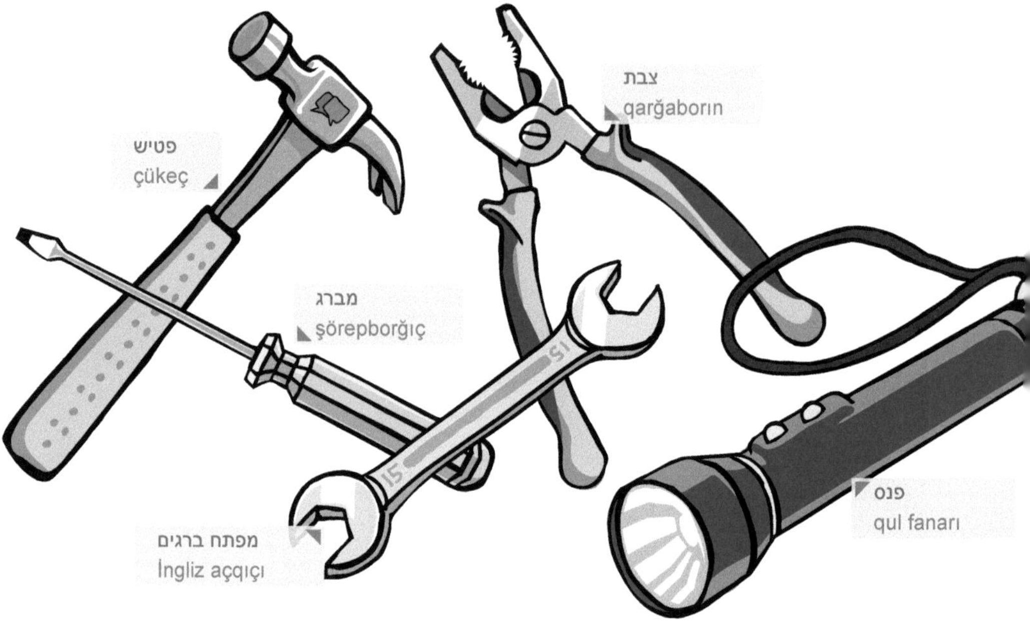

פטיש
çəkəc

צבת
qarğaborın

מברג
şörepborğıç

מפתח ברגים
İngliz açqıçı

פנס
qul fanarı

דחפור
qazu maşinası

ארגז כלים
ələt buqçası

סולם
basqıç

מסור
pıçqı

מסמרים
qadaqlar

מקדחה
dril

תיקן
tözətergə

את חפירה
körək

לעזאזל!
Şaytan alğırı!

יעה
sosqı

פח צבע
buyaw sawıtı

ברגים
mıqlar

כלי נגינה
muzıka alətlərе

מערכת תופים
dawılbaz taqımı

רמקול
tawış köçəytkeç

קונטראבס
kontrabas

חצוצרה
bırğı

גיטרה
gitar

פסנתר	כינור	בס
piano	kəmən	bas gitar

תוף הדוד	תופים	מקלדת פסנתר
timpani	dawılbaz	töyməsar

סקסופון	חליל	מיקרופון
saksofon	flüt	mikrofon

כלי נגינה - muzıka alətləre

גן חיות
xaywan baqçası

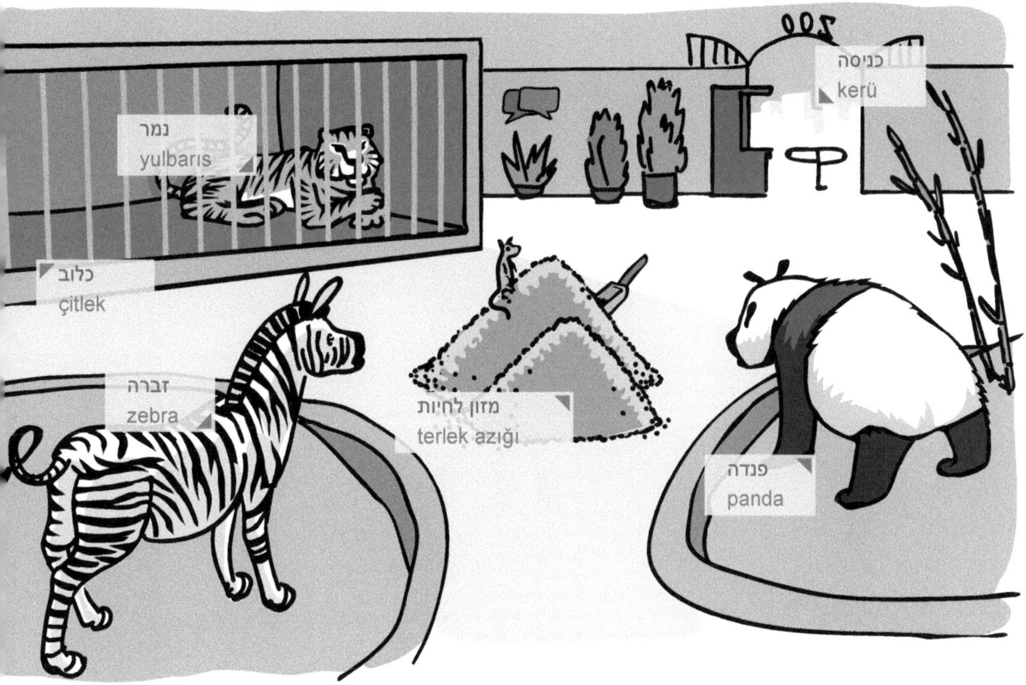

- כניסה / kerü
- נמר / yulbarıs
- כלוב / çitlek
- זברה / zebra
- מזון לחיות / terlek azığı
- פנדה / panda

בעלי חיים
xaywannar

פיל
fil

קנגרו
köngerə

קרנף
kərkədən

גורילה
gorilla

דוב
ayu

 גמל döyə	 יען təwə qoşı	 אריה arıslan
 קוף maymıl	 פלמינגו flamingo	 תוכי tutıy qoş
 דוב הקרח aq ayu	 פינגווין pingwin	 כריש küpek balığı
 טווס tawis	 נחש yılan	 תנין timsax
 שומר גן החיות xaywan baqçası xezmətkəre	 כלב ים suete	 יגואר yaguar

גן חיות - xaywan baqçası

סוס פוני
poni

לאופרד
qaplan

היפופוטאם
su ayğırı

ג'ירפה
zörəfə

נשר
börket

חזיר בר
qaban duñğızı

דג
balıq

צב
taşbaqa

סוס ים
morşa

שועל
tölke

איילה
ğəzəl

גן חיות - xaywan baqçası

ספורט

sport törləre

כדורגל

futbol

בדמינטון

badminton

אתלטיקה

atletika

כדור-יד

handbol

עשה סקי

çañğı

פולו

polo

פעילויות
itkenleklər

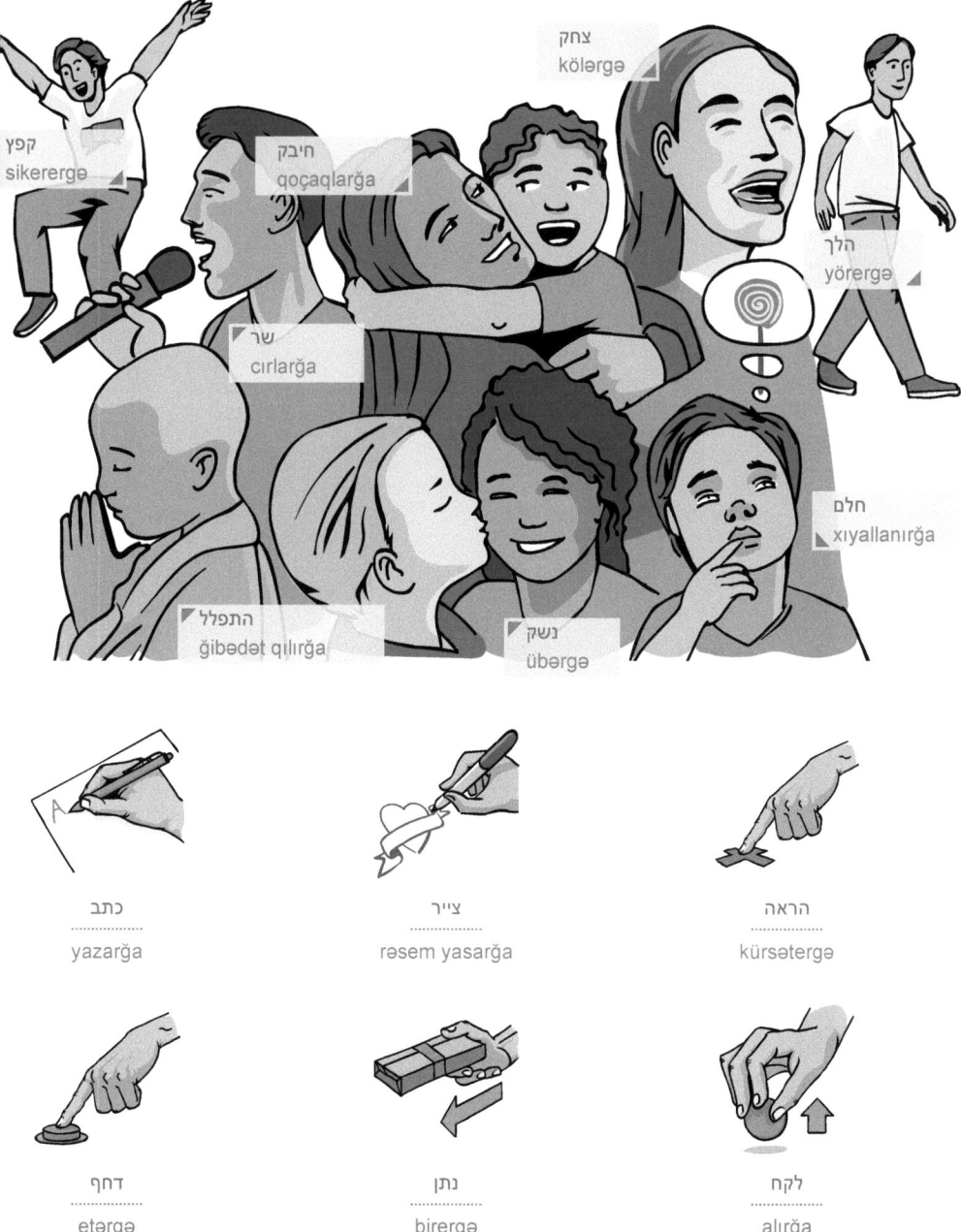

כתב	צייר	הראה
yazarğa	rəsem yasarğa	kürsətergə

דחף	נתן	לקח
etərgə	birergə	alırğa

יש / להיות הבעלים iyə bulırğa	עשה eşlərgə	היה bulırğa

עמד basıp torırğa	רץ yögerergə	משך tartırğa

זרק taşlarğa	נפל yığılırğa	שכב yatarğa

חיכה kötərgə	סחב taşırğa	ישב utırırğa

התלבש kiyenergə	ישן yoqlarğa	התעורר uyanırğa

הסתכל ב-

qararğa

בכה

yılarğa

ליטף

sıyparğa

סירק

tararğa

דיבר

söyləşergə

הבין

añlarğa

שאל

sorarğa

שמע

tıñlarğa

שתה

eçərgə

אכל

aşarğa

סידר

cıyıştırınırğa

אהב

söyərgə

בישל

peşerergä

נהג

sörergə

עף

oçarğa

שט

diñgezgə açılu

חישב

isəpləw

קרא

uqırğa

למד

öyrənergə

עבד

eşlərgə

התחתן

öylənergə

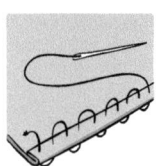

תפר

tegərgə

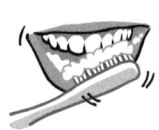

ציחצח שיניים

teş fırçalarğa

הרג

ütərergə

עישן

təməke tartırğa

שלח

cibərergə

משפחה
ğailə

סבתא — əbi
סבא — babay
אבא — ata
אימא — ana
תינוק — sabıy
בת — qız
בן — ul

אורח
qunaq

דודה
apa

דוד
abıy

אח
abıy / ene

אחות
apa / señel

משפחה - ğailə

גוף
tən

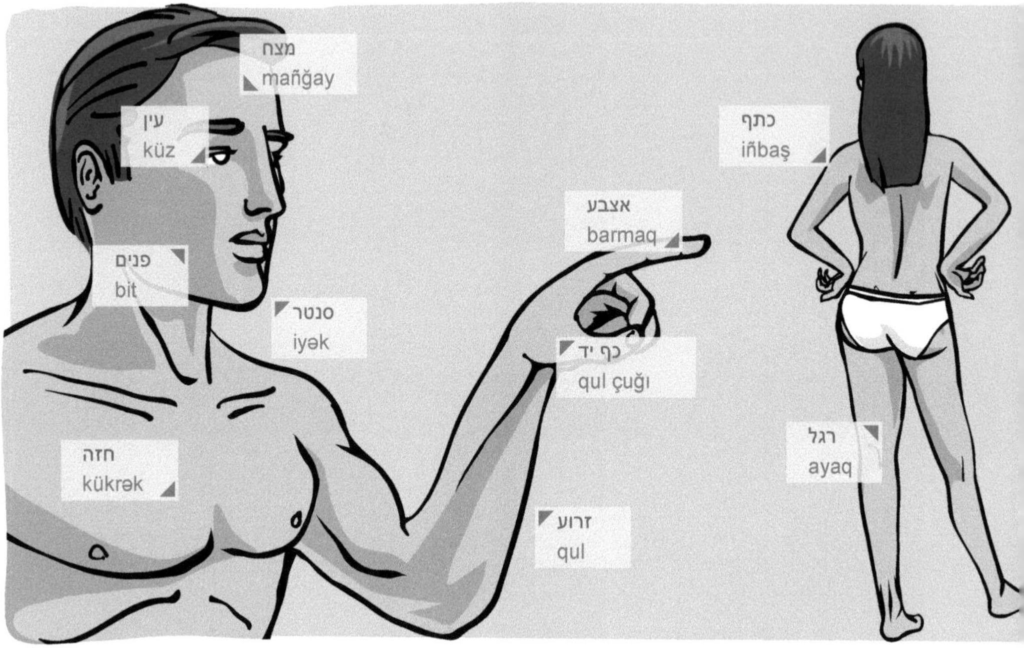

מצח — mañğay
עין — küz
פנים — bit
סנטר — iyək
חזה — kükrək
כתף — iñbaş
אצבע — barmaq
כף יד — qul çuğı
רגל — ayaq
זרוע — qul

תינוק
sabıy

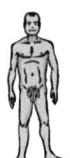

איש
ir

אישה
xatın

ילדה
qız

ילד
malay

ראש
baş

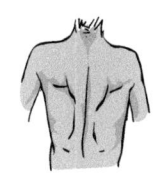

גב
arqa

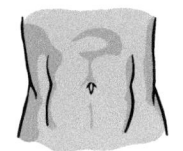

בטן
eç

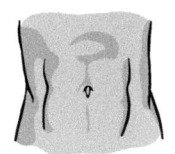

טבור
kendek

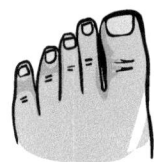

אצבע
ayaq barmağı

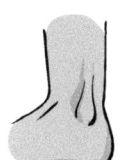

עקב
ükçə

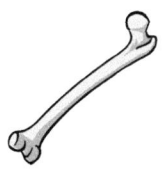

עצם
söyək

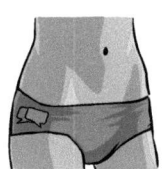

ירך
bot

ברך
tez

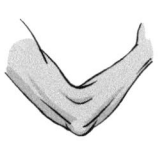

מרפק
tersək

אף
borın

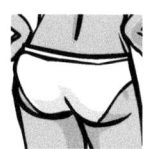

עכוז
art san

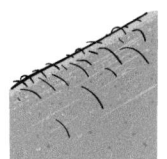

עור
tire

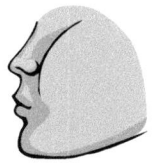

לחי
yañaq

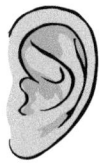

אוזן
qolaq

שפתיים
iren

גוף - tən

פה
awız

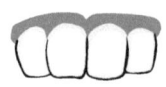

שן
teş

לשון
tel

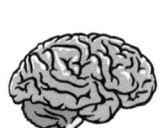

מוח
mi

לב
yörək

שריר
ğəzlə

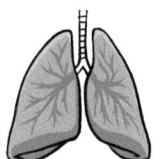

ריאה
üpkə

כבד
bawır

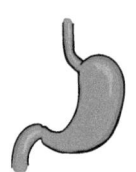

קיבה
aşqazanı

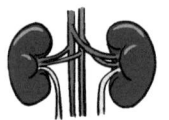

כליות
böyerlər

מין
seks

קונדום
prezervativ

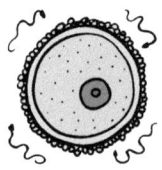

ביצית
kükəy küzənək

זרע
məni

הריון
kömən

גוף - tən

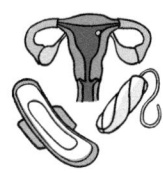
ווסת
kürem

נרתיק
vagina

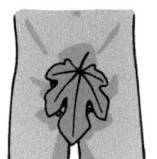
פין
penis

גבה
qaş

שיער
çəçlər

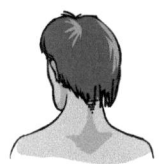
צוואר
muyın

בית חולים
xastaxanə

בית חולים
xastaxanə
אמבולנס
ambulans
כיסא גלגלים
təgərməçle urındıq
שבר
sınu

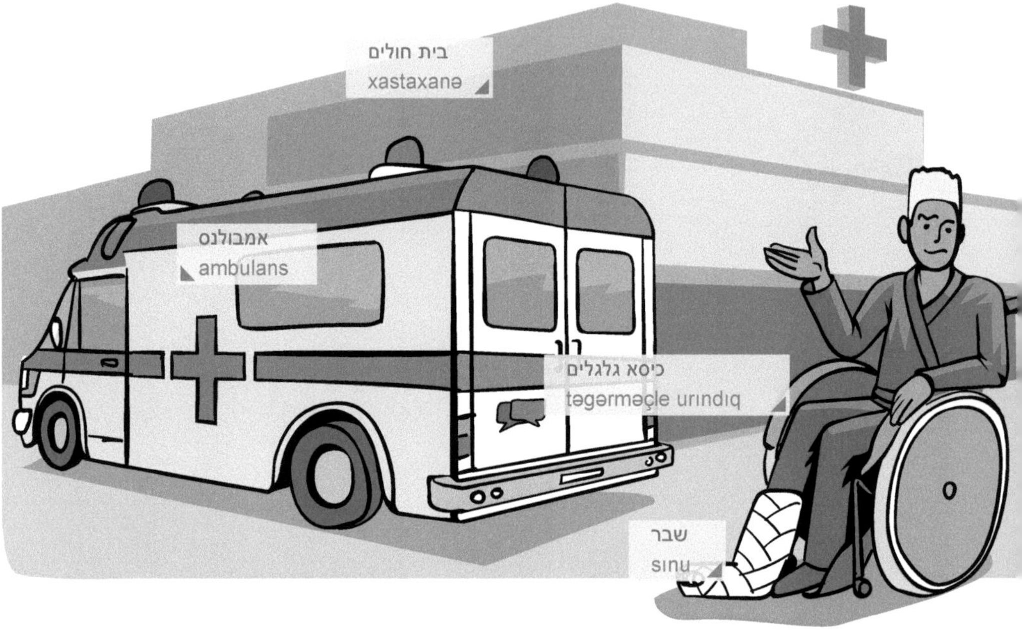

רופא
tabib

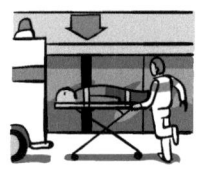

חדר מיון
aşığıç yərdəm bülməse

אחות
şəfqət tutaşı

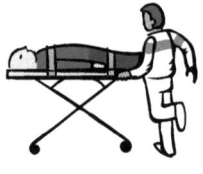

חירום
kiçektergesez xəl

חסר הכרה
añsız

כאב
awırtu

72 בית חולים - xastaxanə

פציעה
cərəxətlənü

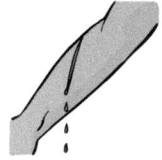

דימום
qan ağu

התקף לב
infarkt

שבץ
insult

אלרגיה
allergiyə

שיעול
yütəl

חום
qızu

שפעת
grip

שלשול
eç kitü

כאב ראש
baş awırtu

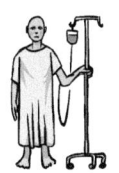

סרטן
yaman şeş

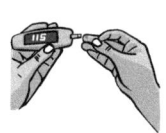

סוכרת
diabet

מנתח
xirurg

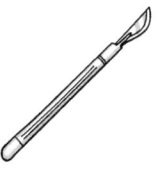

אזמל
skalpel

ניתוח
ğəməliyət

xastaxanə - בית חולים

	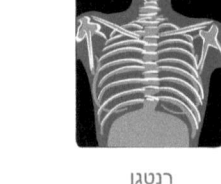	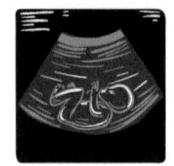
סי-טי ST	רנטגן röntgen	אולטרסאונד ultratawış

מסיכת פנים bitlek	מחלה awıru	חדר המתנה kötü bülməse
	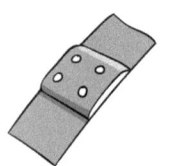	
קבה qultıq tayağı	פלסטר plaster	תחבושת bəyləweç
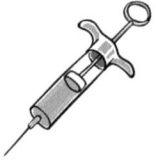	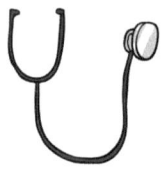	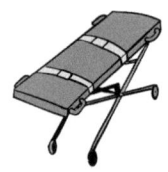
זריקה qadaw	סטטוסקופ stetoskop	אלונקה sədiyə

מד חום klinik termometr	לידה tuu	עודף משקל artıq awırlıq

xastaxanə - בית חולים

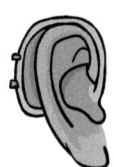
מכשיר שמיעה
işetü cihazı

מחטא
dezinfektant

זיהום
yoğış

נגיף
virus

איידס
KİV / BİDS

תרופה
daru

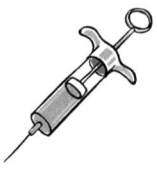
חיסון
vaksinalanu

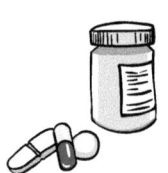
טבליות
tabletlər

גלולה
kontraseptiv tablet

קריאת חירום
aşığıç çaqıru

מד לחץ דם
qan basımı ülçəgeçe

חולה / בריא
awıru / sələmət

בית חולים - xastaxanə

חירום
kiçektergesez xəl

הצילו!
Qotqarığız!

אזעקה
xəwef tawışı

פשיטה
höcüm

תקיפה
höcüm

סכנה
qurqınıç

יציאת חירום
aşığıç çığu

אש!
Yangın!

מטף כיבוי
ut sündergeç

תאונה
qaza

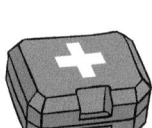
ערכת עזרה ראשונה
berençe yərdəm buqçası

הצילו!
SOS

משטרה
polisə

כדור הארץ
Cir

אירופה

Awrupa

צפון אמריקה

Tönyaq Amerika

דרום אמריקה

Könyaq Amerika

אפריקה

Afrika

אסיה

Asya

אוסטרליה

Awstralya

האוקיינוס האטלנטי

Atlantik okean

האוקיינוס השקט

Tın okean

האוקיינוס ההודי

Hind okeanı

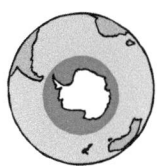

האוקיינוס האנטרקטי

Antarktik okean

האוקיינוס הארקטי

Arktik okean

הקוטב הצפוני

Tönyaq qotıp

הקוטב הדרומי
Könyaq qotıp

אנטארקטיקה
Antarktika

כדור הארץ
Cir

אדמה
qorı cir

ים
diñgez

אי
utraw

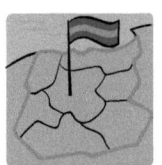

לאום
millət

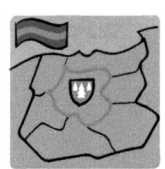

מדינה
dəwlət

שעון
səğət

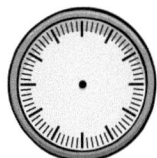  

פני השעון — səğət bite

מחוג השעות — səğət uğı

מחוג הדקות — minut uğı

  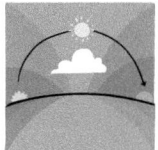

מחוג השניות — sekund uğı

מה השעה? — Səğət niçə?

יום — kön

זמן — waqıt

עכשיו — xəzer

שעון דיגיטלי — dijital səğət

דקה — minut

שעה — səğət

שבוע
atna

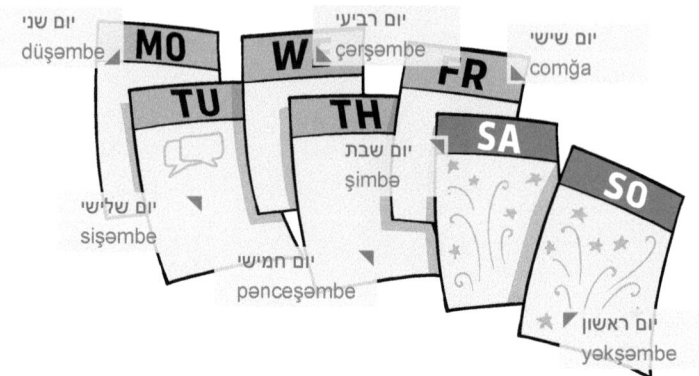

אתמול
kiçə

היום
bügen

מחר
irtəgə

בוקר
irtə

צהריים
töş

ערב
kiç

ימי עבודה
eş könnəre

סוף שבוע
yal könnəre

שנה

yıl

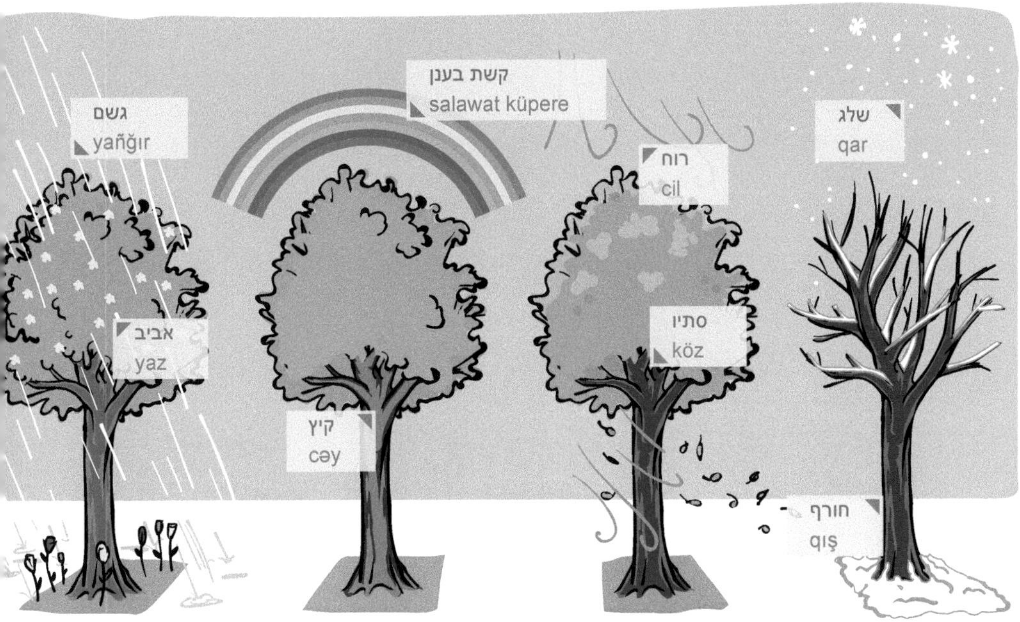

קשת בענן
salawat küpere
גשם
yañğır
שלג
qar
רוח
cil
אביב
yaz
סתיו
köz
קיץ
cəy
חורף
qış

4.APRIL 11°
5.APRIL 4°
6.APRIL 13°
7.APRIL 8°
8.APRIL 10°

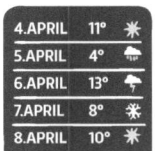

תחזית מזג האוויר

hawa torışı

F
C
120
90
60
30
0
-30
40
30
20
10
0
-10
-20

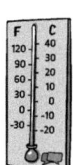

מד חום

termometr

אור שמש

qoyaş yaqtısı

ענן

bolıt

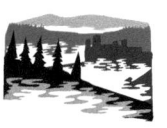

ערפל

toman

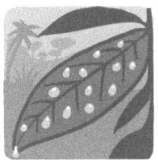

לחות

dımlılıq

ברק yəşen	רעם kük kükrəw	סערה dawıl
	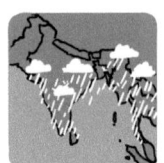	
ברד boz	רוח עונתי musson	שיטפון su basu

קרח boz	ינואר Qırlaç	פברואר Aqman

מרץ Buşay	אפריל Yañarış	מאי Saban

יוני Çereşmə	יולי Peçən	אוגוסט Uraq

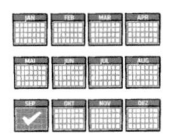
ספטמבר
Indır

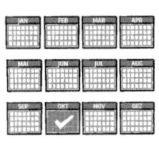
אוקטובר
Bilek

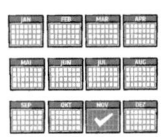
נובמבר
Qaraköz

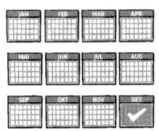
דצמבר
Kerəw

צורות
şəkellər

עיגול
tügərək

מרובע
dürtkel

מלבן
turıpoçmaq

משולש
öçpoçmaq

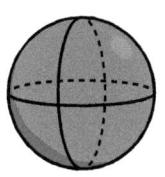
כדור
körrə

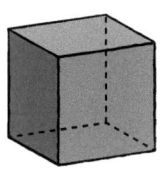
קובייה
kub

צבעים
töslər

לבן
aq

צהוב
sarı

כתום
qızğılt sarı

ורוד
al

אדום
qızıl

סגול
şəməxə

כחול
zəñgər

ירוק
yəşel

חום
körən

אפור
sorı

שחור
qara

הפכים
qapma-qarşılıqlar

הרבה / מעט
küp / az

כועס / רגוע
usal / tınıç

יפה / מכוער
matur / yəmsez

התחלה / סוף
baş / axır

גדול / קטן
zur / keçkenə

בהיר / כהה
yaqtı / qarañğı

אח / אחות
abıy, ene / apa, señel

נקי / מלוכלך
taza / pıçraq

שלם / חלקי
təmam / təmamlanmağan

יום /לילה
kön / tön

מת / חי
üle / tere

רחב / צר
kiñ / tar

אכיל / לא אכיל

aşarğa yaraqlı / aşarğa yaraqsız

רשע / טוב לב

yaman / yaxşı

מתרגש / משועמם

dulqınlanğan / yalıqqan

שמן / רזה

yuan / yabıq

ראשון / אחרון

berençe / soñğı

חבר / אויב

dus / doşman

מלא / ריק

tulı / buş

קשה / רך

qatı / yomşaq

כבד / קל

awır / ciñel

רעב / צמא

açlıq / susaw

חולה / בריא

awıru / sələmət

בלתי-חוקי / חוקי

qanunsız / qanunlı

נבון / טיפש

aqıllı / aqılsız

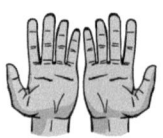

שמאל / ימין

sul / uñ

קרוב / רחוק

yaqın / yıraq

חדש / משומש
yaña / qullanılğan

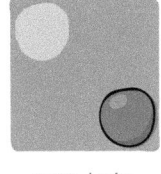
כלום / משהו
hiçnərsə / nərsəder

זקן / צעיר
ölkən / yəş

פעיל / כבוי
abızdırılğan / sünderelgən

פתוח / סגור
açıq / yabıq

שקט / רועש
tawışsız / göreltele

עשיר / עני
bay / yarlı

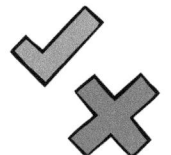
נכון / שגוי
döres / yalğış

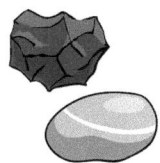
מחוספס / חלק
qıtırşı / şoma

עצוב / שמח
küñelsez / küñelle

קצר / ארוך
qısqa / ozın

איטי / מהיר
aqrın / tiz

רטוב / יבש
dımlı / qorı

חם / קר
cılı / salqın

מלחמה / שלום
suğış / tınıçlıq

הפכים - qapma-qarşılıqlar

מספרים
sannar

0 אפס — sıfır

1 אחת — ber

2 שתיים — ike

3 שלוש — öç

4 ארבע — dürt

5 חמש — biş

6 שש — altı

7 שבע — cide

8 שמונה — sigez

9 תשע — tuğız

10 עשר — un

11 אחת-עשרה — unber

12
שתים-עשרה
unike

13
שלוש-עשרה
unöç

14
ארבע-עשרה
undürt

15
חמש-עשרה
unbiş

16
שש-עשרה
unaltı

17
שבע-עשרה
uncide

18
שמונה-עשרה
unsigez

19
תשע-עשרה
untuğız

20
עשרים
yegerme

100
מאה
yöz

1.000
אלף
meñ

1.000.000
מיליון
million

מספרים - sannar

שפות
tellər

אנגלית

inglizçə

אנגלית אמריקאית

Amerika inglizçəse

סינית מנדרינית

Mandarin qıtayçası

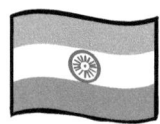

הודית

hindi

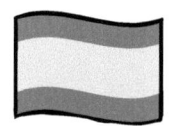

ספרדית

İspança

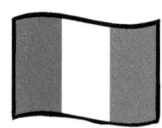

צרפתית

Fransızça

ערבית

Ğərəpçə

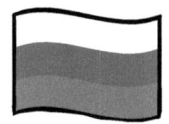

רוסית

Rusça

פורטוגזית

Portugalça

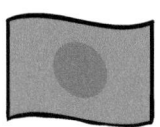

בנגלית

Bengali

גרמנית

Almança

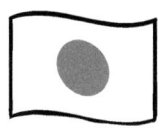

יפנית

Yaponça

מי / מה / איך
kem / nərsə / niçek

אני
min

אתה / את
sin

הוא / היא / זה
ul / ul / ul

אנחנו
bez

אתם
sez

הם
alar

מי?
kem?

מה?
nərsə?

איך?
niçek?

איפה?
qayda?

מתי?
qayçan?

שם
isem

איפה
qayda

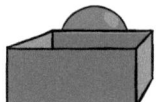

מאחור
artta

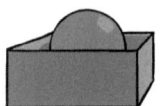

בתוך
eçendə

לפני
aldında

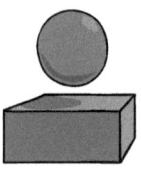

מעל
östendə

על
östendə

מתחת
astında

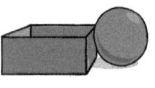

ליד
yanında

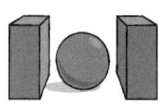

בין
arasında

מקום
urın